LA RENAISSANCE

POUR LA FAIRE CONNAÎTRE AUX ENFANTS

Conception
Émilie BEAUMONT

Texte
Françoise CHAFFIN

Images
Yves BEAUJARD

ÉDITIONS
FLEURUS

ÉDITIONS FLEURUS, 15-27, rue Moussorgski 75018 PARIS

QU'EST-CE QUE LA RENAISSANCE ?

On appelle Renaissance la période qui fait suite au Moyen Âge. Elle s'étend de 1400 à 1600 environ, aux XVe et XVIe siècles. Le mot Renaissance évoque un monde nouveau. Au sortir d'une époque secouée par les épidémies et les crises politiques, l'homme de la Renaissance donne libre cours à sa curiosité et a soif de connaissances. Il se passionne pour l'histoire et les œuvres de l'Antiquité, il explore le monde des sciences et des techniques, il envoie des navires à la découverte puis à la conquête de mondes inconnus. Et surtout il s'ouvre, grâce au livre, à la culture et aux arts.

La fin du Moyen Âge

À la fin du Moyen Âge, l'Europe est affaiblie : la Grande Peste de 1346-1353 a tué 25 millions de personnes ; la guerre de Cent Ans, qui a opposé l'Angleterre à la France à partir de 1337, a laissé des pays meurtris. L'Empire chrétien d'Orient s'effondre à la prise de Constantinople par les Turcs (1453). Mais au XVe siècle, les épidémies s'éloignent et la population augmente. Les terres abandonnées sont remises en culture, l'activité économique reprend et les techniques progressent.

L'Europe vers 1540

■ Empire de Charles Quint

■ Royaume de France   ■ Royaume d'Angleterre

Charles Quint possède le plus vaste empire d'Europe.

François Ier.

L'Europe des grands États

C'est au cours de la Renaissance que les grands États se construisent. Ils sont unifiés par des pouvoirs forts et par le développement des langues nationales. L'Angleterre est unie, Henri VIII est un monarque puissant. L'Italie est un ensemble de petits États comme la république de Venise ou la cité-État de Florence, l'Italie centrale et l'Italie du Sud. Après la guerre de Cent Ans, le royaume de France s'agrandit avec le rattachement de plusieurs provinces. François Ier est un roi très populaire. Héritier des Habsbourg, des comtes de Bourgogne, de Flandre et de la couronne d'Espagne, Charles Quint devient empereur en 1519.

Henri VIII.

Les peintres et les sculpteurs imitent le style antique et illustrent des épisodes de la mythologie, tandis que les architectes s'inspirent des monuments qui les impressionnent par leur perfection. La plupart des artistes européens accomplissent alors un voyage à Rome, certains vont même jusqu'en Grèce.

L'imitation des Anciens

Dès le XIVe siècle, les artistes italiens regardent avec passion les vestiges de la Rome antique. Ils veulent remettre à l'honneur ce patrimoine dont ils sont fiers et qui témoigne de l'éclat de la civilisation de leurs ancêtres. À partir du XVe siècle, on relève et restaure des édifices, des fouilles archéologiques sont entreprises. Elles révèlent de merveilleuses sculptures, des bijoux... Ceux-ci sont placés dans des musées et les premières collections d'art sont constituées.

Un renouveau de la pensée

Les lettrés de la Renaissance réfléchissent à partir des textes anciens grecs et latins. Ces érudits qu'on appelle des humanistes croient profondément en Dieu et, en même temps, ils croient dans les capacités de l'Homme. Pour eux, l'Homme est le centre de l'Univers. Il peut, par son intelligence, son énergie et son courage agir sur son destin et se perfectionner moralement. À travers toute l'Europe, les savants, les écrivains et même les hommes d'Église qui partagent ces idées échangent des lettres et des discussions et s'interrogent sur divers sujets. Ils utilisent des langues autres que le latin (sortes de patois) pour que chacun les comprenne, s'intéressent aux mathématiques, pratiquent la philosophie...

Les humanistes sont de grands penseurs à la fois croyants et à l'esprit ouvert, qui relisent et explorent les textes anciens et défendent l'intelligence et la sagesse de l'homme.

LA NAISSANCE DE L'IMPRIMERIE

C'est à Mayence, au milieu du XVe siècle, que l'Allemand Gutenberg met au point un procédé permettant d'imprimer des textes en de multiples exemplaires au lieu de les copier. Cette invention, qui gagne très vite tous les pays d'Europe, entraîne une formidable diffusion du livre et, avec lui, des connaissances et des idées nouvelles. Les premiers livres imprimés ressemblent beaucoup aux manuscrits dont ils cherchent à égaler la beauté, comme la « Bible latine » que Gutenberg imprime en 1450, avec ses caractères gothiques et ses magnifiques enluminures.

Copistes et scribes au Moyen Âge

Jusqu'au XIIe siècle, les livres, surtout religieux, sont copiés à la main par des moines. Ceux-ci travaillent dans le scriptorium, une pièce spéciale des abbayes et monastères. Les décorations sont réalisées par les enlumineurs et miniaturistes. D'abord réservés aux hommes d'Église, ces livres manuscrits circulent peu. Puis, à partir du XIIe siècle, apparaissent de nouveaux lecteurs qui s'intéressent à des sujets divers. Joliment illustré, copié sur des parchemins (de fines peaux), recouvert d'une reliure de cuir, chaque livre est unique et donc cher.

Le livre imprimé

Avant d'être imprimeur, Gutenberg, homme très cultivé, est orfèvre (comme son père). Il sera le premier en Europe à fabriquer des caractères en plomb (a) en coulant le métal dans des moules. Ces petites lettres assemblées pour former des mots et des phrases peuvent alors se déplacer et être réutilisées à l'infini. Une fois ces caractères disposés pour créer une page (b), ils sont enduits d'encre. Une feuille est alors posée dessus et le tout est placé sous une presse construite sur le modèle du pressoir à raisin. Cette nouvelle technique permet donc d'imprimer rapidement autant de feuilles que l'on souhaite. Grâce à l'imprimerie, les fautes que faisaient les copistes sont évitées, ce qui pouvait être gênant pour les livres scientifiques accompagnés de croquis et de formules...

Cet ouvrier imprimeur compose une page grâce aux caractères en plomb. Ces caractères sont rangés dans une « casse ».

Le papier remplace le parchemin

Pour imprimer ses livres, Gutenberg décide d'utiliser du papier plutôt que le parchemin des scribes, très coûteux car il ne peut être fait qu'à la main et dont une seule face peut recevoir l'écriture. En réalité, le papier est déjà utilisé depuis longtemps mais on le réserve à l'écriture courante. Pour les ouvrages nobles, on lui préfère le parchemin, jugé de qualité supérieure. Inventé en Chine, au IIe ou au IIIe siècle avant notre ère, le papier est adopté par les Arabes au VIIe siècle. Ce sont eux qui le vendent, à partir du XIIIe siècle, à l'Italie et à l'Espagne. L'Italie perfectionne les techniques de sa fabrication et l'exporte alors vers l'Europe du Nord.

Du chiffon à la feuille

Partout, au bord des rivières, s'implantent des moulins à papier munis de roues à aubes. Des chiffons bien nettoyés sont placés dans de grandes cuves avec de l'eau, ils sont alors broyés en pâte par de gros maillets cloutés. Filtrée dans un tamis au format de la future feuille, la pâte est ensuite aplatie sous une presse, étendue pour sécher puis recouverte d'une sorte de colle afin que le papier n'absorbe pas l'encre comme un buvard. Lissée à l'aide d'une pierre, la feuille est prête à l'emploi.

Des livres par milliers

En quelques années, l'imprimerie connaît un essor considérable. Toutes les grandes villes d'Europe ont leurs ateliers. Au XVIe siècle 200 millions de livres environ sont imprimés. Les sujets sont de plus en plus variés : on diffuse des idées nouvelles, comme celles du protestantisme, et de nouveaux auteurs prennent place à côté des Grecs et des Latins. En Europe, de nombreux textes sont alors publiés dans les langues nationales et non plus en latin, connu seulement des plus lettrés. L'écrit atteint des petits bourgs grâce aux colporteurs.

UNE ÉCONOMIE PROSPÈRE

Grâce à la richesse des grandes cités italiennes, à l'activité des ports de l'Atlantique et au dynamisme des nouveaux « hommes d'affaires », le XVIᵉ siècle est en Europe une période de grand développement économique. Le commerce augmente, l'industrie moderne se met en place, la banque est en plein essor. Dans ces différents domaines d'activité, de grandes familles, comme les Médicis en Italie ou les Fugger en Allemagne, font fortune, installent des compagnies dans diverses villes d'Europe, prêtent aux princes et deviennent très puissantes.

L'essor du commerce européen

Au XVᵉ siècle, l'Italie et la Flandre sont les pays les plus riches d'Europe grâce à une agriculture prospère et un commerce dynamique. Venise et Gênes font des échanges avec l'Orient et les marchands italiens implantant de nombreux comptoirs dans les villes d'Europe du Nord.

L'importance de la banque

Le développement des échanges commerciaux entraîne tout naturellement celui des banques, contrôlées par de puissants hommes d'affaires. La lettre de change, qui évite le transport de monnaie, est de plus en plus utilisée : un Italien peut ainsi payer, au moyen d'une lettre de change, un produit acheté à un Allemand ; la banque allemande donne au vendeur muni de cette lettre l'argent correspondant dans sa propre monnaie. Immensément riches, les banquiers prêtent aux princes, dont ils deviennent les conseillers, mais certains princes s'endettent.

Les grands établissements commerciaux se multiplient, ils tiennent une comptabilité précise de leurs achats et des ventes. Les marchandises sont de plus en plus nombreuses et variées. Ces établissements s'enrichissent.

L'exploitation des mines

Outils, objets quotidiens, armes et canons, monnaies : le besoin de métal va grandissant. Les mines mexicaines fournissent de l'or, celles du Pérou, de l'argent en énormes quantités, mais c'est dans les mines d'Europe centrale que l'on trouve le complément : argent, cuivre, plomb, étain, fer. La houille (combustible qui remplace le charbon de bois) est largement exploitée à partir du XVIe siècle en Belgique et en Angleterre. En investissant des sommes considérables dans l'exploitation minière, les marchands-banquiers accroissent leur fortune et deviennent ainsi des industriels.

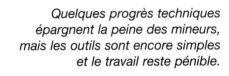

Quelques progrès techniques épargnent la peine des mineurs, mais les outils sont encore simples et le travail reste pénible.

L'industrie textile

La laine demeure une matière première très importante (comme elle l'était déjà au Moyen Âge) et participe pour une grande part à l'enrichissement des négociants. Tandis que l'Angleterre est le plus gros producteur de laine, l'industrie drapière de Florence, en Italie, est l'une des plus florissantes. Au XVe siècle, le travail de la soie explose. Achetée brute, la laine est dégraissée, cardée (peignée), filée, tissée et teinte, chaque opération étant l'affaire d'un groupe d'ouvriers spécialisés.

Dans le nord de l'Europe ont lieu de grands marchés de drapiers attendus et renommés.

Une grande partie du commerce se faisant par bateau, des ports très actifs se développent sur la côte atlantique ; le trafic y est incessant. Les ports espagnols reçoivent sucre, or et argent d'Amérique tandis que ceux du Portugal réceptionnent les épices venues d'Orient. Les navires vénitiens transportent toutes ces marchandises ainsi que le sel et le vin chargés en France, et vont les échanger dans le nord de l'Europe contre du bois, du blé et des fourrures des pays nordiques.

11

À LA CONQUÊTE DU MONDE

Au XVᵉ siècle, l'Europe a besoin d'or, d'épices, de produits rares fournis par les Arabes et les Italiens. Ces derniers sont, depuis longtemps, les maîtres de la Méditerranée, mais leurs routes sont désormais bloquées par l'avancée des Turcs. Portugais et Espagnols se lancent alors à la recherche de nouvelles voies pour gagner les Indes. Certains décident de suivre les côtes de l'Afrique, d'autres tentent leur chance par l'ouest, traversant l'Atlantique. Leurs bateaux les mènent vers un continent encore inconnu alors, l'Amérique.

Henri le Navigateur (1394-1460)

Fils du roi du Portugal, Henri le Navigateur (qui n'a jamais voyagé) consacre sa vie à l'exploration de nouvelles routes maritimes. Il écoute les conseils de géographes, de cartographes, de navigateurs et d'astronomes. Il collectionne les récits de voyages, les livres de navigation, les cartes marines. Il finance des voyages, pensant que l'on peut atteindre l'Inde puis l'Extrême-Orient en contournant l'Afrique. Les Portugais longent les côtes de l'Afrique. C'est en 1487 que Bartolomeo Dias franchit le cap des Tempêtes (cap de Bonne-Espérance), il a contourné l'Afrique, la route des Indes est ouverte.

Les voyages faits au XVᵉ siècle entraînent de nombreux progrès : les cartes marines deviennent plus complètes, les bateaux se perfectionnent et les instruments de navigation s'améliorent. Les marins se dirigent et se situent grâce à la boussole, à l'astrolabe (à droite), qui leur permet de calculer la lattitude, et à l'arbalestrille (à gauche), qui mesure la hauteur des étoiles.

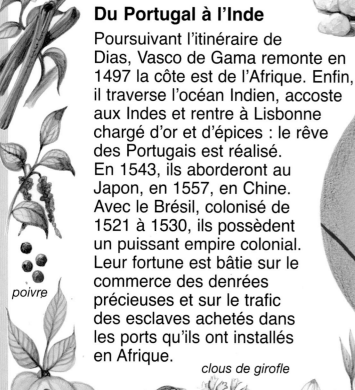

cannelle

or

poivre

clous de girofle

muscade

cardamome

Du Portugal à l'Inde

Poursuivant l'itinéraire de Dias, Vasco de Gama remonte en 1497 la côte est de l'Afrique. Enfin, il traverse l'océan Indien, accoste aux Indes et rentre à Lisbonne chargé d'or et d'épices : le rêve des Portugais est réalisé. En 1543, ils aborderont au Japon, en 1557, en Chine. Avec le Brésil, colonisé de 1521 à 1530, ils possèdent un puissant empire colonial. Leur fortune est bâtie sur le commerce des denrées précieuses et sur le trafic des esclaves achetés dans les ports qu'ils ont installés en Afrique.

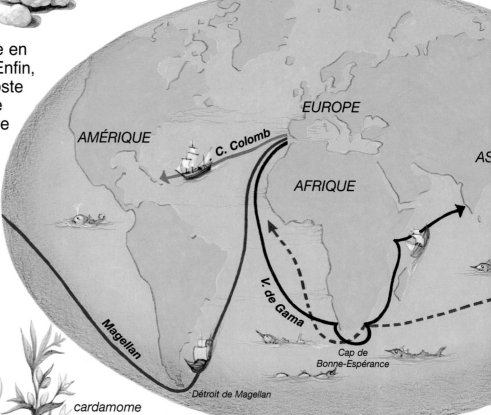

AMÉRIQUE

EUROPE

AFRIQUE

ASIE

C. Colomb

V. de Gama

Magellan

Cap de Bonne-Espérance

Détroit de Magellan

La caravelle est le bateau des grandes expéditions de cette époque.

Christophe Colomb débarque aux Caraïbes et rencontre ceux qu'ils croient être les Indiens d'Asie.

À travers l'Atlantique et le Pacifique

En 1492, financé par les souverains espagnols, Christophe Colomb s'embarque pour rejoindre les Indes par l'ouest. Après trois mois de navigation, il découvre les Antilles, au large du Mexique. Il accomplit d'autres expéditions, découvre de nouvelles terres et meurt en 1506, persuadé d'avoir atteint… l'Asie. En 1519, Magellan tente à son tour l'aventure par l'ouest. Parti avec cinq navires espagnols, il dépasse la pointe sud de l'Amérique (le détroit prendra son nom) puis se lance à travers le Pacifique. Il sera tué aux îles Philippines, mais l'un des bateaux rejoindra l'Espagne : le premier tour du monde est accompli.

Les conquistadores

Des petites troupes d'aventuriers se lancent à la conquête du continent américain. Ils s'allient aux peuples indiens opprimés et parviennent rapidement à s'imposer. Au Mexique, Hernan Cortés prend le contrôle de l'empire Aztèque en 1519. Dix ans plus tard, Pizarre réduit les Incas au Pérou. Depuis la mort d'Isabelle la catholique en 1504, l'Espagne est livrée à une grande instabilité politique et les conquistadores ne sont plus contrôlés. Certains d'entre eux en profitent pour massacrer les Indiens afin de piller leurs richesses.

Le Conseil des Indes

À partir de 1524, Charles Quint réussit à asseoir son pouvoir sur le trône d'Espagne, il institue aussitôt le « Conseil des Indes » pour reprendre en main la colonisation de l'Amérique, et met en place une cour de justice spéciale pour réprimer les excès des conquistadores. Il nomme dans toutes les terres conquises des « protecteurs des Indiens » et forcent les conquistadores à restituer ce qu'ils ont extorqué aux Indiens et à réparer les préjudices qu'ils leurs ont fait subir. Il réunit même de grands penseurs pour le premier débat sur les droits de l'Homme de l'Histoire.

L'Espagnol Hernan Cortés débarque au Mexique et découvre ses habitants. Malgré les cadeaux de bienvenue, les différences et les incompréhensions entre ces deux peuples sont nombreuses. L'affrontement ne tarde pas.

LES PROGRÈS DES SCIENCES ET DES TECHNIQUES

Léonard de Vinci, qui fut un formidable « ingénieur » et a décrit par ses dessins le corps humain et de multiples plantes, s'est aussi intéressé aux mathématiques, à la géométrie et à l'architecture. Il symbolise l'esprit curieux de son époque. Le savant de la Renaissance, s'il connaît les théories de ceux de la Grèce antique, veut aller plus loin et en savoir plus. Pour cela, il appuie ses recherches sur l'observation et l'expérimentation. Les méthodes de calcul, la publication de livres scientifiques et le soutien de princes cultivés contribuent à l'essor des sciences.

Les artisans horlogers allemands sont très habiles. C'est à Nuremberg, en Allemagne, que sont mises au point les premières montres.

Mesurer le temps

Pendant longtemps, seuls le cadran solaire et le sablier marquaient l'écoulement du temps. L'horloge mécanique, fonctionnant avec un système d'engrenages et de poids, date du milieu du XIIIᵉ siècle. D'abord installée dans les églises, elle orne les hôtels de ville à la Renaissance. Certaines horloges se perfectionnent et marquent les jours, les phases de la Lune... Au XVᵉ siècle, on sait miniaturiser les mécanismes : de ce jour, la pendule entre dans les demeures bourgeoises et la montre devient un objet de luxe.

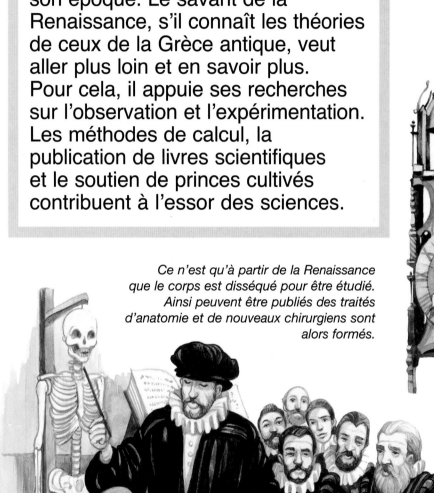

Ce n'est qu'à partir de la Renaissance que le corps est disséqué pour être étudié. Ainsi peuvent être publiés des traités d'anatomie et de nouveaux chirurgiens sont alors formés.

Mieux connaître le corps

De l'Antiquité à la fin du Moyen Âge, le savoir des médecins n'évolue pas. Au XVᵉ et au XVIᵉ siècles, les travaux de certains d'entre eux bouleversent les idées reçues. Malgré l'opposition de l'Église, ils dissèquent des cadavres pour comprendre le fonctionnement du corps humain. Des ouvrages sont publiés et, grâce à ces découvertes sur l'anatomie, Ambroise Paré révolutionne la chirurgie. Il pratique diverses opérations et amputations, et entre au service de plusieurs rois. Au XVIIᵉ siècle, William Harvey explique le mécanisme de la circulation sanguine.

La lunette que fabrique Galilée est six fois plus puissante que celles utilisées auparavant.

Voir et représenter le monde

Depuis le savant grec Ptolémée (IIe siècle), on sait que la Terre est ronde, mais on la croit immobile au centre de l'Univers. Copernic, un astronome polonais (1473-1543), pense autrement : pour lui, la Terre est un astre comme les autres. Elle tourne autour du Soleil, en 365 jours, et aussi sur elle-même en 24 heures. Cette théorie est réfutée par l'Église qui place l'homme au centre de l'Univers. L'Italien Galilée (1564-1642), grâce à sa lunette astronomique, peut observer le mouvement des corps célestes, il confirme la théorie de Copernic.

Lunette de luxe.

Les contrées découvertes lors des grandes expéditions, à partir de 1480, ont élargi la vision du monde et ont permis de dresser des cartes plus précises et plus complètes. Pour aider à la représentation du monde, un géographe flamand, Mercator, construit des mappemondes et invente l'atlas, une représentation plane du globe terrestre.

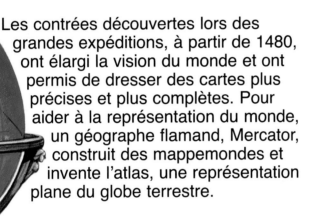

Copernic découvre, à l'aide de moyens d'observation encore simples, que la Terre tourne autour du Soleil et non pas l'inverse, comme on le pensait alors.

Les débuts de l'industrie lourde

D'une importance considérable dans tous les domaines, la production de métal connaît un grand développement à la fin du Moyen Âge. Elle se modernise principalement grâce à l'utilisation du haut-fourneau dans lequel le minerai est fondu à haute température (1 200 °C). Le charbon de bois puis la houille alimentent le four dont la chaleur est activée par de puissants soufflets actionnés par des roues à aubes puisant l'eau de la rivière voisine. La fonte qui s'écoule est soit moulée, soit martelée par de gros marteaux. Le fer et le bronze sont alors très employés dans la fabrication des engins de guerre. L'artillerie se perfectionne. En effet, les canons évoluent et la première arme à feu à main est inventée : c'est l'arquebuse.

Canon

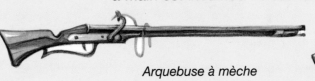

Arquebuse à mèche

Mousquet à mèche

LA VIE À LA CAMPAGNE

À la Renaissance comme au Moyen Âge, la plupart de la population habite à la campagne. La vie du paysan, presque entièrement consacrée au travail, n'a pas changé : il partage toujours son temps entre la terre du seigneur qu'il sert et son petit lopin familial. Malgré des périodes calmes, la guerre et la peste frappent encore durement et, si la famine a disparu, la disette menace à chaque mauvaise récolte : les paysans sont souvent très pauvres. Pourtant, dans quelques régions d'Italie ou de Flandre et autour des villes, les conditions de vie s'améliorent et certains parviennent même à s'enrichir.

Une vie rude

Qu'elle soit dans un village ou isolée, la maison paysanne est généralement de construction simple, petite et basse. Selon les régions, ses murs sont faits de bois, de pierraille et de terré. Le toit est couvert de chaume et le sol est laissé en terre battue. Ces chaumières aux rares ouvertures sont sombres, glaciales en hiver et sans confort.

Généralement, toute la famille vit dans une seule pièce, une autre salle abritant les bêtes en hiver. Les meubles se limitent à une table, des bancs, un coffre à vêtements et le lit, où dorment plusieurs personnes. Les soirs d'hiver, on se réunit entre voisins. Tandis que les hommes réparent quelque outil et que les femmes filent la laine, tricotent ou raccommodent, certains chantent et racontent des histoires. La forêt tient encore une place importante : on y ramasse du bois pour le chauffage, des champignons, des fruits, des baies... Les enfants y mènent paître les animaux.

La nourriture se compose surtout de bouillies de céréales, de soupes de légumes et de pain. Elle est agrémentée de fruits, de quelques laitages, d'œufs, de poisson séché et d'un peu de porc en hiver.

16

Au service du seigneur

S'il n'est plus aussi soumis qu'au Moyen Âge, le paysan reste dépendant du seigneur. Avant de cultiver sa propre terre, il doit travailler celle du maître du domaine. Chaque année, il lui donne aussi une part des récoltes, qui sera peu à peu remplacée par de l'argent.

Des outils encore rudimentaires

Les moments forts de la vie paysanne sont les labours, les moissons et les vendanges. Ces travaux restent éprouvants car l'outillage agricole ne s'est guère amélioré depuis le Moyen Âge ; le paysan possède une petite charrue, une herse pour briser les mottes de terre et enfouir les semences, une faux et une faucille pour la moisson, un fléau pour battre le grain et quelques bêches, pelles et râteaux... Faute de fourrage pour les nourrir et de place pour les abriter, on abat les animaux avant l'hiver pour se procurer de la nourriture.

De nouvelles plantes

Au XVIe siècle, les paysans nettoient les friches, abattent des forêts et assèchent des marais pour développer d'autres cultures que les céréales. Ainsi, dans le sud de la France et en Italie poussent la vigne et l'olivier, le maïs rapporté d'Amérique s'adapte près de la Méditerranée, le riz apparaît en Italie et l'oranger en Sicile. De nouveaux légumes, souvent venus d'Amérique, sont cultivés pour les plus fortunés : tomates, artichauts, choux-fleurs, salades, aubergines, haricots.

Pour améliorer leurs revenus, les paysans cultivent de plus en plus souvent le lin, le chanvre et des plantes tinctoriales (qui servent à teindre les tissus, comme le pastel). La culture du mûrier, qui permet d'élever le ver à soie et d'obtenir le fil précieux (à droite), se développe en Italie avant d'atteindre la vallée du Rhône.

17

DANS LES VILLES

Partout en Europe, la plupart des villes présentent encore un aspect médiéval avec leurs fortifications, leurs rues étroites et sombres. Mais, avec l'essor du commerce et de l'industrie, elles se sont multipliées. Ainsi, les cités s'agrandissent et sont parfois très peuplées, accueillant de nombreux artisans, attirant aussi les miséreux qui fuient les campagnes. Les plus importantes s'embellissent, au moins dans certains quartiers, à l'image des riches cités de l'Italie. La beauté et la modernité de ces villes font l'admiration de tous, et leurs nouveaux bâtiments seront souvent imités.

De grands architectes italiens dessinent des cités idéales avec un souci de perfection géométrique. Mais beaucoup de ces plans ne seront pas exécutés.

Les villes d'Italie, un modèle

Les Italiens redécouvrent avec fierté les monuments de la Rome antique et rêvent de redonner à leurs villes l'harmonie et la grandeur du passé. Quant à la nouvelle classe des banquiers et commerçants, elle souhaite des demeures dignes de sa fortune. Le centre des grandes cités prend un nouveau visage. À Florence, Naples ou Milan, des quartiers entiers sont rasés. Les vieilles rues tortueuses se transforment

Florence

Toutes les villes ne changent pas

En réalité, seuls les quartiers les plus riches sont complètement rénovés. Les faubourgs populaires gardent leurs ruelles étroites et leurs maisons tassées, où le bois reste le principal matériau de construction. Qu'ils soient artisans ou commerçants, les gens habitent sur leur lieu de travail. L'échoppe, parfois prolongée d'une arrière-boutique, occupe le rez-de-chaussée. Un escalier extérieur conduit à la pièce d'habitation de l'étage où se déroule la vie de la famille, des apprentis et des serviteurs. Les fenêtres n'ont pas toutes encore de vitres, certaines sont protégées par une simple toile ou par des volets de bois et quelques rues seulement sont pavées.

en avenues larges, droites, parfois pavées. Les bâtiments, bien alignés, doivent respecter la géométrie et la symétrie de la ville antique. Les façades majestueuses sont percées de larges fenêtres et ornées de frontons et de colonnes. On édifie des églises décorées par des artistes renommés, tel Michel-Ange qui réalise les fresques de la chapelle Sixtine, à Rome. De vastes places avec des jardins et des fontaines sont créées. François Ier est ébloui par la beauté de ces cités.

L'activité en ville

Dans leur petite boutique ouverte sur la chaussée, les marchands proposent pain, viande et charcuterie. Les nombreux artisans travaillent le cuir, le métal, les tissus, et font souvent déborder leur atelier dans la rue bruyante, encombrée et parfois boueuse. Certains proposent leurs services au fil des rues, comme le rémouleur, qui aiguise les lames de couteaux.

LES RÉSIDENCES PRINCIÈRES

Avec la prospérité des grandes villes, de nouveaux modes de vie apparaissent chez les princes et les grands bourgeois. Dans la demeure, qui doit refléter la richesse de son propriétaire, le goût de la beauté, du luxe et du confort se développe. Les plus fortunés aiment s'entourer d'œuvres d'art, fréquenter des artistes et de savants personnages. Ils portent de beaux vêtements coupés dans les étoffes les plus fines, se parent de bijoux et d'élégantes coiffures. Ils apprécient les banquets, les spectacles et les jeux, et souhaitent faire de la vie une fête.

En France

À partir du XVIᵉ siècle, les princes français adoptent le goût italien. Délaissant les anciens châteaux forts obscurs, ils les transforment ou font construire des châteaux de plaisance dans des régions agréables, réputées pour la chasse. Ils font appel à des artistes et artisans italiens qui participent à l'aménagement de châteaux tels que Blois, Chambord, Chenonceau.

Des demeures élégantes et confortables

Pendant la Renaissance, l'habitat des plus riches prend un nouveau visage. Dès le XVᵉ siècle, en Italie, les grands seigneurs font construire d'immenses demeures aux vastes pièces éclairées de fenêtres larges et nombreuses, avec des balcons et d'agréables cours intérieures. Sur leurs façades apparaissent des colonnes et des frontons de style antique. À l'intérieur, la décoration devient plus présente : plafonds sculptés, sols dallés de mosaïques et de marbre, murs ornés de fresques, de tapisseries et de tableaux, cheminées ornementées... Les meubles sont désormais plus abondants et richement sculptés.

Chenonceau est connu comme le plus élégant des châteaux français de la Renaissance.

Les divertissements

Les rois et les grands princes possèdent plusieurs résidences où ils séjournent, selon la saison ou leur caprice. Ils aiment s'y réjouir. On raffole de la chasse, on adore les tournois où la force, l'adresse et la bravoure doivent briller. De grandes fêtes sont organisées et beaucoup de bals, parfois masqués, car tout le monde aime danser. Les personnes cultivées apprécient également les plaisirs calmes et raffinés : jeux de cartes, d'échecs, récits poétiques et art de la conversation.

Fastueux, le banquet est l'occasion de montrer sa richesse et son rang. Annoncés par des musiciens, des dizaines de mets se succèdent, accompagnés d'épices et de sauces. Des pâtés sont servis ainsi que plusieurs sortes de poissons et de viandes. Les oiseaux sont des plats appréciés et tout particulièrement le paon et le cygne rôtis présentés avec leur plumage, bec et pattes dorés ou argentés. Entre les plats, des attractions amusent les convives.

Le goût pour le luxe entraîne aussi les premiers raffinements dans la présentation de la table : les assiettes fines et les fourchettes apparaissent.

L'art des jardins

Très simple au Moyen Âge, le jardin prend de l'ampleur au début du XVe siècle. En Italie d'abord, où il trouve sa place comme décor de la ville ; il gagne aussi la faveur des seigneurs qui en agrémentent leurs palais. Dans les riches villas de campagne, le jardin devient somptueux. Véritable prolongement de la maison, il est composé avec autant de soins. Les jardins d'Italie séduisent les Français qui font appel aux jardiniers italiens pour embellir leur domaine. Ornés de parterres aux savants motifs, de labyrinthes de buis et d'alcôves de verdure, agrémentés de bassins, de jeux d'eau, de statues, de grottes et de ruines, les jardins se déploient sur plusieurs niveaux que l'on contemple depuis des terrasses. Les jardiniers y cultivent des plantes exotiques, des fleurs et surtout des arbustes, qu'ils sculptent avec art.

Les jardins du château de Villandry, en France.

LES CONFLITS RELIGIEUX

À la Renaissance, une nouvelle scission de l'Église catholique donne naissance au protestantisme.
Il s'agit d'un désaccord sur ce qu'il faut croire : les protestants prônent la fidélité aux Écritures et refusent le culte des saints. La nouvelle religion est adoptée, notamment en Allemagne et en Angleterre par de nombreux fidèles scandalisés par les abus de la papauté.
En France, le développement d'une minorité protestante entraîne une véritable guerre civile. L'Europe se déchire pendant près de deux siècles.

L'urgence d'une réforme

À la Renaissance tous les hommes sont croyants, mais de nombreuses voix s'élèvent pour dénoncer les abus qui salissent l'Église catholique. Cette soif de réforme engendre un vaste mouvement qui devient une nouvelle religion chrétienne : le protestantisme.
En réponse à cette scission, l'Église catholique se remet en cause, d'abord en Espagne, puis dans toute l'Europe : lutte contre l'ignorance, contre les tentations de la richesse et du pouvoir. De nouveaux ordres religieux sont fondés dont les membres consacrent leur vie humble et pieuse à l'éducation, aux malades et aux pauvres. Cette « réforme » catholique est officialisée par le Concile de Trente (1563).

Le temple, ci-contre, est le lieu de culte des protestants. Il est simple, sans statues ni vitraux.

Le protestantisme

Alors que la doctrine de l'Église catholique déclare que, pour être sauvés, les hommes doivent avoir la foi et la mettre en pratique en faisant le bien, Martin Luther professe que seule la foi sauve. Excommunié en 1521, Luther fonde une nouvelle Église chrétienne, la Réforme, qui propose aux fidèles d'accéder directement aux textes bibliques. Les désordres de la papauté à l'époque – luxe scandaleux, trafic des indulgences (celui qui a péché peut, en donnant de l'argent à l'Église, être pardonné et éviter l'Enfer ou le purgatoire) – sont vivement critiqués. Les princes allemands saisissent cette occasion de gagner leur indépendance face au pape et imposent la nouvelle religion dans leurs États.

Martin Luther

Jean Calvin

Le développement du protestantisme

Calvin, humaniste français, développe le protestantisme en France et en Suisse.
Il forme des pasteurs, l'équivalent des prêtres, qui vont à leur tour prêcher la nouvelle religion. En Angleterre, le roi Henri VIII veut passer outre l'opposition du pape à son mariage. Il fonde une Église proche de la Réforme, l'Église anglicane, dont il se proclame le chef. Le pays connaît une période de grands troubles.

Les guerres de religion en France

Considérés comme hérétiques, les protestants sont pourchassés. Ils se révoltent alors, tuant des moines et des prêtres et s'attaquant à tout ce qui se rapporte au culte des saints et de la Vierge Marie. Statues, vitraux et clochers sont détruits. La réaction catholique est tout aussi violente. En 1562, le duc de Guise fait massacrer une centaine de protestants réunis dans une grange pour célébrer leur culte. Dans la nuit du 24 août 1572, le roi ordonne le massacre de la Saint-Barthélemy, à Paris (voir ci-contre). La guerre religieuse s'est doublée d'une guerre politique pour le pouvoir.

Après quarante ans de guerre, la paix de l'Édit de Nantes, signée en 1598 par Henri IV, laisse le pays ravagé et affaibli.

Des stratégies politiques viennent attiser les conflits religieux. D'abord tolérant envers les réformés, le pouvoir durcit peu à peu sa position. Dans la nuit du 23 au 24 août 1572, Charles IX ordonne le massacre de nombreux protestants venus à Paris pour le mariage d'Henri de Navarre, leur chef.

Face à la tentation que suscite le protestantisme, l'Église catholique doit se remettre en question. C'est pourquoi se tient le concile de Trente (1563).

La Réforme en France

La Réforme ne parvient pas à s'implanter en Italie, en Autriche et en Espagne. Mais une minorité de protestants très active se développe en France. Finalement, en 1590, le parti protestant semble l'emporter quand son chef Henri de Navarre (le futur Henri IV) devient successeur légitime au trône de France. Pourtant, les résistances contre la Réforme sont grandes. Il s'ensuit de terribles affrontements jusqu'à ce qu'Henri de Navarre, en 1593, abjure solennellement le protestantisme.

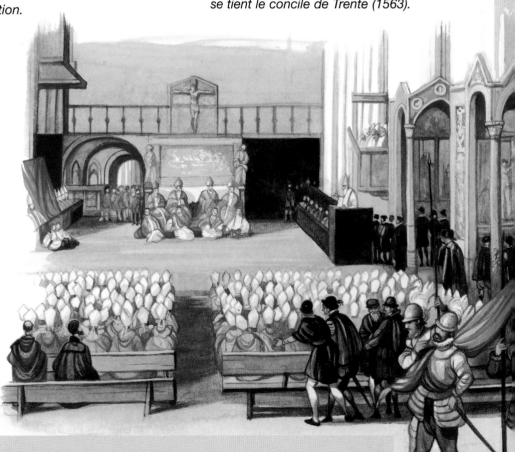

DANS L'ATELIER DU PEINTRE

La notion d'artiste apparaît à la fin du XIIIᵉ siècle, lorsque certains artisans, conscients de leur talent, commencent à signer leurs œuvres. Les artisans d'art du Moyen Âge sont d'origine modeste et mènent généralement une existence simple avec l'espoir, pour les meilleurs, de devenir maîtres à leur tour, après un long apprentissage. Avec la Renaissance, l'artiste peut devenir un grand personnage au talent reconnu. Ainsi, les princes invitent des artistes à la cour, les prient de travailler à embellir leurs palais, les couvrent de louanges, d'argent d'honneurs et de cadeaux.

Lorsque l'artiste est remarqué des princes, les plus riches lui passent commande pour décorer palais et grandes demeures.

De longues années d'apprentissage

Entre douze et quinze ans, le jeune garçon commence son apprentissage. Pendant cinq ans au moins, il fait partie de la famille de son maître et peut toucher un petit salaire s'il est assez habile. À la fin de sa formation, il devient un compagnon et peut quitter son maître pour un autre atelier. Celui qui possède assez d'argent peut ouvrir son propre atelier. L'apprenti s'initie à toutes les facettes du métier : il broie et mélange les couleurs, fabrique différentes sortes de pinceaux, prépare les panneaux de bois ou les toiles. Puis, il apprend à dessiner en recopiant les modèles, à appliquer des feuilles d'or sur les fonds des tableaux et à peindre.

Dans l'atelier d'un grand peintre, en plus de peindre, on peut aussi apprendre à couler le bronze, à sculpter, à graver...

La perspective

Définie au XVe siècle, la perspective permet de représenter une image en trois dimensions, c'est-à-dire en volume sur le tableau qui est plat. Pour donner l'illusion de la profondeur, de l'espace, le peintre dessine les personnages et les objets de plus en plus petits à mesure qu'ils s'éloignent du spectateur. Cette savante technique inspirée de la géométrie est l'un des plus grands progrès de l'art. Les peintres italiens furent parmi les premiers à utiliser ce procédé.

Des ateliers actifs

Un artiste renommé reçoit des commandes nombreuses et variées : une fresque d'église, le portrait d'une noble dame, un projet de tapisserie ou de mosaïque, un dessin de vitrail... Une fresque nécessite la préparation de cartons (un modèle sur papier qui sera reproduit sur le mur).

Il faut aussi que la paroi soit préparée à recevoir la peinture. Plusieurs personnes participent à ces créations : les apprentis s'occupent des fonds et des parties faciles, les commis font des échafaudages et préparent les enduits. Le maître, lui, trace la composition et peint les scènes principales.

Les techniques

Jusqu'au début du XVe siècle, on peint soit directement sur les murs (ce sont les fresques), soit sur des panneaux de bois. On préfère ensuite la toile tendue sur un châssis de bois. Avant d'être peint, le panneau doit être préparé : il est traité, recouvert de colle puis d'enduit pour obtenir une surface bien lisse. La peinture est appliquée en couches successives. Lorsque la couleur est diluée à l'eau et liée à l'œuf, c'est la détrempe, ou *tempera*. Mais la peinture à l'huile offre bientôt une gamme de couleurs plus large et des nuances plus fines.

Brosses, pinceaux, palette et œuf faisaient partie du nécessaire du peintre. Les couleurs provenaient des minéraux : le cinabre donnait le rouge vermillon et le lapis-lazuli, le bleu outremer, mais elles étaient aussi extraites de certains insectes.

DES ARTS FLORISSANTS

À la Renaissance, l'Italie et la Flandre sont les contrées les plus prospères d'Europe. Cette richesse favorise l'épanouissement des arts. Partout s'ouvrent de grands chantiers. On construit des églises, des édifices publics, des palais, qui seront richement décorés de fresques, de boiseries, de tapisseries, de meubles, de sculptures et de tableaux. Débordés de commandes, les artistes se sentent plus libres. Ils peuvent traiter de sujets variés, s'aventurer dans des recherches, laisser leur imagination vagabonder. Ils se lancent dans le paysage, le portrait, le nu...

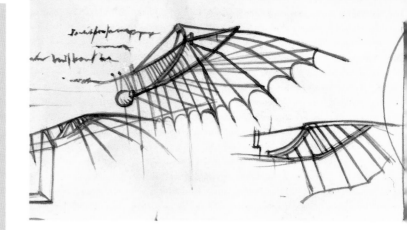

Le génie de Léonard de Vinci (1452-1519)

Il est reconnu comme un artiste exceptionnel. Léonard de Vinci est doué de talents infinis ; il s'intéresse à de nombreux domaines. Il observe les plantes, l'anatomie des hommes et des animaux, il étudie l'astronomie, les mathématiques, l'architecture et les techniques. Il invente diverses machines de guerre, des sous-marins et même des engins volants ! Excellent dessinateur, c'est aussi un peintre admiré.

Le David scuplté par Michel-Ange.

La sculpture italienne

Les sculpteurs de la Renaissance travaillent le bois, le marbre, le bronze et même la terre cuite. Ils parent les monuments publics de statues et de bas-reliefs illustrant l'histoire ancienne, ils sculptent des tombeaux pour les papes et les princes, et taillent statues et chapiteaux pour les églises. Les corps sont délicatement modelés, parfaitement proportionnés s'inspirant des modèles antiques. Michel-Ange (1475-1564) est considéré comme un sculpteur de génie.

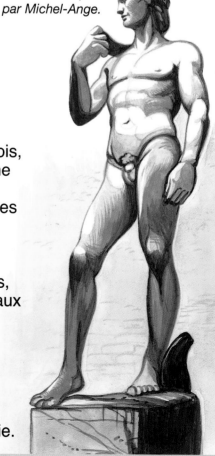

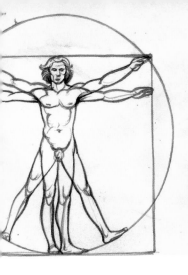

À sa mort, Léonard de Vinci laisse de nombreuses notes, croquis, esquisses et études qui témoignent de l'esprit ingénieux de ce personnage remarqué à son époque. Il fut même invité par François Ier à s'installer au Clos-Lucé, à côté d'Amboise, où il passa les trois dernières années de sa vie.

Un exemple d'art religieux, le retable

Le retable est destiné à décorer les autels des églises. Peint, sculpté ou combinant les deux techniques, il est souvent composé de plusieurs panneaux ornés sur deux côtés et réunis par des charnières. Le panneau central, le plus grand, comporte la scène principale, souvent la crucifixion du Christ. Généralement caché par les volets latéraux refermés, il n'est visible que lors des fêtes sacrées. Certains retables, composés de nombreuses sculptures, atteignent plusieurs mètres de haut...

Les retables les plus impressionnants illustrent le style appelé gothique flamboyant.

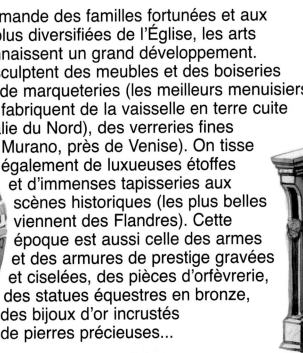

Les arts décoratifs

Grâce à la demande des familles fortunées et aux commandes plus diversifiées de l'Église, les arts décoratifs connaissent un grand développement. Les artisans sculptent des meubles et des boiseries agrémentées de marqueteries (les meilleurs menuisiers sont italiens), fabriquent de la vaisselle en terre cuite (surtout en Italie du Nord), des verreries fines (spécialité de Murano, près de Venise). On tisse également de luxueuses étoffes et d'immenses tapisseries aux scènes historiques (les plus belles viennent des Flandres). Cette époque est aussi celle des armes et des armures de prestige gravées et ciselées, des pièces d'orfèvrerie, des statues équestres en bronze, des bijoux d'or incrustés de pierres précieuses...

27

TABLE DES MATIÈRES

ISBN : 2-215-064-68-4
ÉDITIONS FLEURUS, 2001.
Conforme à la loi n°49-956 du
16 juillet 1949 sur les publications
destinées à la jeunesse.
Dépôt légal à date de parution.
Imprimé en Italie (08-03).